A. RICHE

PRÊTRE DE SAINT-SULPICE

FRÉDÉRIC LE PLAY

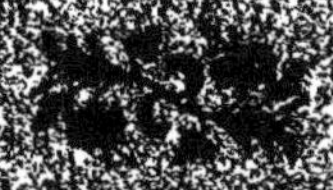

PARIS

LIBRAIRIE POUSSIELGUE FRÈRES

CH. POUSSIELGUE, SUCCESSEUR

RUE CASSETTE, 15

FRÉDÉRIC LE PLAY

L n 27

39404

Cet ouvrage a été déposé au ministère de l'intérieur
(section de la librairie) en novembre 1890.

PARIS. TYP. DE E. PLON, NOURRIT ET Cie, RUE GARANCIÈRE, 8.

A. RICHE

PRÊTRE DE SAINT-SULPICE

FRÉDÉRIC LE PLAY

PARIS

LIBRAIRIE POUSSIELGUE FRÈRES

CH. POUSSIELGUE, SUCCESSEUR

RUE CASSETTE, 15

1891

Tous droits réservés

A Madame F. LE PLAY

Madame,

Pendant que j'étais encore très sûr de la fidélité de mes souvenirs, j'ai compulsé mes notes, j'ai consulté mon cœur, et j'ai écrit quelques pages sur la vie intime de M. Le Play.

Le temps et les circonstances me diront ce que je dois faire plus tard de cet écrit. En attendant, Madame, je me sens pressé de vous l'offrir, à vous et à vos chers enfants, comme un hommage de mon respect, de mon affection et de mon dévouement.

Les faits reproduits dans ces pages vous sont parfaitement connus; c'est sous vos yeux qu'ils se sont accomplis : je pourrais craindre que leur souvenir n'ajoutât à l'amertume de vos regrets. Mais, d'un autre côté, quand il y a de si grands enseignements et de si beaux exemples, comment n'y trouveriez-vous pas une consolation?

A part la modestie, qui n'eût pas souffert l'éloge, il me semble que M. Le Play aurait souri sympathiquement à quelques-unes de ces pages : c'est sous son bon regard et en m'inspirant de son esprit que j'ai voulu les écrire. Voilà, Madame, ce qui me fait espérer pour elles un accueil bienveillant.

Paris, 17 mai 1882.

Lettre de Madame F. LE·PLAY
à M. l'Abbé RICHE

Cher Monsiéur et ami,

Je ne trouve pas d'expression pour vous exprimer toute ma reconnaissance.

J'ai lu avec attendrissement l'opuscule intime que votre affection si vraie et·votre ardente charité vous ont inspiré à la mémoire de M. Le Play.

J'ai été témoin de presque toutes ces conversations que vous avez recueillies avec tant de soin et de tendresse.

Ce que je ne puis accepter cependant, ce sont les qualités et les vertus que vous m'attribuez dans ces pages. Je n'y reconnais que votre bienveillance naturelle avec une amitié dont j'ai apprécié toute la dou

ceur dans mes chagrins, et que vous vou-
drez bien me conserver, j'espère.

Toute femme, à ma place, en eût fait de
même pour un mari si grand et si digne
d'admiration.

Recevez, cher Monsieur et ami, tous mes
remerciements, avec l'assurance de ma respectueuse affection.

Paris, le 16 février 1883.

FRÉDÉRIC LE PLAY

Le 5 avril 1882, à l'âge de soixante-seize ans, F. Le Play rendait à Dieu sa grande et belle âme. Depuis ce jour, j'ai lu, j'ai entendu ce qui a été dit ou écrit sur lui; et, plusieurs fois, je me suis senti profondément ému, parce que sa physionomie se trouvait reproduite d'une manière saisissante.

Et cependant, pour moi, dans ces discours et ces écrits, M. Le Play ne se retrouve pas tout entier. L'économiste, le savant, l'écrivain y paraissent l'un après l'autre ou simultanément avec un caractère de vérité frappant. L'homme privé y est aussi rendu avec une fidélité, parfois même avec un charme touchants. Oui, mais la vie intime de l'âme sous le regard de Dieu, cette vie qui se révèle dans une ligne, par un mot, par un regard, par un geste; cette vie qui s'était si pleinement et si fréquemment manifestée à moi pendant plusieurs années; cette vie qui fait la valeur d'un homme, en définitive, puisque le reste n'en est que l'expression; cette vie n'a pas été reproduite. Faut-il donc la laisser dans l'oubli?

Je comprends et je sens tout ce qu'il y a de délicat dans les révélations publiques d'une âme qui s'est ouverte à la mienne; mais quand ces révélations ne peuvent blesser personne; quand elles sont à l'honneur de celui qui en est l'objet, et quand, d'ailleurs, elles sont de nature à faire du bien, pourquoi ne seraient-elles pas permises?

Une considération m'aurait arrêté absolument, sans des encouragements d'un ordre supérieur. C'est que je suis trop personnellement et trop honorablement en jeu dans ces pages. J'aurais voulu connaître un moyen indirect pour reproduire autrement ce que je désirais écrire tout simplement; je l'ai cherché, et je ne l'ai pas trouvé.

Il m'a semblé, d'ailleurs, que je n'avais pas le droit de garder pour moi ces grandes et belles choses, qui sont à la gloire de Dieu et du fondateur de l'École sociale. Il y en a même qu'il est de mon devoir de publier: c'était la volonté formelle de M. Le Play. A l'œuvre donc! sous l'inspiration de ma conscience et de la vérité.

I

C'est sur le terrain d'une œuvre éminemment sociale que j'eus l'honneur d'être mis d'abord en rapport avec M. Le Play. En 1872, mes fonctions m'ayant mis en communication fréquente avec un assez grand nombre d'étudiants, j'eus la pensée d'établir, pour un groupe de choix, un centre de réunions qui pourrait procurer à ses membres un double avantage : d'abord, celui de former là d'utiles et agréables relations ; ensuite, celui de s'exercer à la vie publique par la parole et par la plume, dans des conférences variées, suivant l'aptitude et le genre d'études des jeunes gens. La Providence m'avait rendu l'entreprise moins difficile par l'offre généreuse de Mme Foucault, la mère de l'illustre savant Léon Foucault, qui mit à ma disposition, pour cet effet, l'appartement de son fils, meublé et servi. C'était beaucoup, c'était un avantage inappréciable, et pour lequel je n'aurai jamais trop de reconnaissance. Mais le plus difficile restait encore à faire : il s'agissait d'engager les jeunes gens dans le champ des conférences, en obtenant d'eux des travaux suivis et sérieux. Il fallait d'abord, pour cela, des chefs de file pris en dehors des jeunes conférenciers, qui seraient pour eux des maîtres par l'autorité de leur parole et par l'intérêt des sujets qu'ils traiteraient. Le premier de ces chefs fut M. Lahaussois, sous-intendant militaire et l'un des disciples les plus distingués de F. Le Play. Naturellement, M. Lahaussois traita les grandes questions enseignées par son illustre maître, les questions de réforme sociale; et il le fit de telle manière que la conférence, grâce à lui et à M. Rameau qui le suivit, se trouva bientôt et demeure encore sérieusement établie.

C'étaient donc les études de F. Le Play qui avaient présidé à la fondation de la conférence Léon Foucault. Le fondateur des *Unions* témoigna le désir d'entrer en rapport avec le président de cette conférence, et je lui fus présenté par M. Lahaussois. Après cette introduction, je renouvelai de temps en temps mes visites, et surtout quand je sentais plus vivement le besoin d'encouragement et de conseils; et j'en rapportais toujours de précieuses instructions.

M. Le Play me faisait aussi l'honneur de venir quelquefois me visiter dans ma petite chambre du presbytère; d'autres fois, il m'invitait à faire avec lui sa promenade ordinaire au jardin du Luxembourg; et c'est ainsi que commencèrent et que se continuèrent, pendant plusieurs années, des

relations qui allaient bientôt devenir profondément intimes.

L'auteur des *Ouvriers européens* était
alors d'une constitution frêle et délicate,
mais qui se soutenait cependant, malgré un
travail constant, grâce à la régularité de sa
vie matérielle et aux soins intelligents et
tendrement affectueux qui lui étaient pro-
digués.

Au mois de novembre 1879, des crache-
ments d'abord, puis des vomissements de
sang indiquèrent au cœur, chez F. Le Play,
quelque grave désordre. Les vomissements
devinrent tels que le malade jugea lui-
même la situation très grave, sinon déses-
pérée. Il me fit appeler.

« Je me sens très dangereusement malade,
me dit-il, je vous prie de m'aider à régler,
devant Dieu, les comptes de ma conscience.

— Je ne suis pas surpris de vos dispositions, lui répondis-je : « Celui qui accom-
« plit la vérité vient à la lumière : *Qui facit*

« *veritatem, venit ad lucem.* » (Jean, iii, 21.)

— Oui, reprit M. Le Play, pour ma conscience et par devoir personnel d'abord ; et puis, pour m'acquitter d'ailleurs de ce que je considère comme un devoir social. Je ne suis pas seulement religieux par principe et par sentiment intime ; je veux l'être en pratique ; je suis chrétien et catholique, et c'est comme tel que je veux mourir, après avoir accompli tous mes devoirs. Persuadé que le bien des individus comme celui de la société dépend de la foi religieuse et de la pratique du culte, je dois l'exemple à ma famille, à mes amis, à tous ceux qui me connaissent ; je suis prêt à le donner. Et si vous croyez que je doive le faire par quelque acte public, dites-moi de quelle manière je devrais l'exprimer, je le ferai.

— Ce que je vous demanderai d'abord, répondis-je, c'est de vous incliner dans un sentiment d'humilité profonde devant Dieu. En sa présence, le plus honnête homme du monde doit se reconnaître coupable, et, par conséquent, indigne de ses bontés.

— Je l'ai toujours reconnu, me dit-il, et je le sens maintenant plus que jamais.

— Le seul acte que je vous demande, ajoutai-je, au bénéfice de votre conscience d'abord, puis pour l'édification publique, c'est de recevoir aujourd'hui même la sainte communion.

— Oui, me répondit-il, pour le bien de mon âme et pour l'édification publique, aujourd'hui même; car je me sens en danger. »

Après avoir entendu sa confession, j'apportai à M. Le Play la sainte communion. Il y avait là, avec Mme Le Play, deux amis de la maison et les domestiques. Je m'approche assez près du malade pour qu'il puisse suivre les prières de l'Église, et il le fait avec une touchante piété, serrant entre ses mains et sur son cœur un crucifix. A ces paroles : *Domine, non sum dignus*, son émotion devient plus vive, et elle se communique à ceux qui en sont les témoins.

Un sentiment nouveau se produit dans l'âme de F. Le Play.

« Maintenant, me dit-il, vous n'êtes plus seulement mon ami; vous êtes mon père.

— C'est vrai, lui répondis-je : *In Christo, per Evangelium ego te genui.* »(*I Cor.*, IV, 15.)

Au moment où je me retirais, M. Le Play me rappela pour me redire toute l'importance qu'il attachait à la vulgarisation de sa doctrine sociale par le clergé. Il me nomma les évêques et les prêtres sur l'autorité et le dévouement desquels il comptait plus particulièrement pour cela. Une pensée qui le préoccupait alors beaucoup, c'était l'établissement d'une chapelle dans laquelle des conférences religieuses et sociales seraient faites, à Paris, par des membres du clergé : « Tant que je n'aurai pas vu mes amis réunis périodiquement dans une chapelle autour d'un prêtre qui, nous connaissant et ne parlant que pour nous, nous dise toutes nos vérités, je ne croirai pas, écrivait-il plus tard, avoir bien arrangé ma vie. »

Grâce à Dieu, F. Le Play sortit intact de la crise si grave qu'il venait de subir. Évidemment le principe du mal existait toujours au cœur, en l'exposant à de nouvelles rechutes; mais les facultés de l'âme étaient demeurées tout entières; et l'auteur de la *Réforme sociale* put reprendre, comme à l'ordinaire, ses huit à dix heures de travail quotidien.

C'est après cette première crise que F. Le Play écrivait à l'un de ses amis les lignes suivantes :

« J'ai vu l'approche des joies éternelles... Je n'ai pas vu, comme certains mystiques, « le néant de la vie humaine ». Loin de là, j'en ai constaté de nouveau l'importance. La vie présente est le poste où nous devons gagner notre classement dans la vie future.

Nous devons être heureux d'y rester pour faire notre devoir. Le plus grand de tous est d'acheminer, par notre exemple, nos concitoyens vers la vie éternelle. Pour me consoler, au moment où je pouvais quitter mon poste, j'ai dressé la liste des amis capables de continuer l'œuvre. »

Après ce qui s'était passé entre nous le 28 novembre 1879, on comprend que je dus revenir très souvent avec M. Le Play sur son désir de voir le clergé s'intéresser aux études sociales. Non seulement je partageais ses idées sur cette question, mais j'insistai très vivement moi-même pour que l'on s'entendît avec le Saint-Père et les Évêques sur les moyens efficaces de réaliser ce désir. Dans mon appréciation, l'École sociale avait absolument besoin du concours du clergé pour vulgariser ses études; et le clergé, de son côté, devait puiser une grande force pour son enseignement, en y faisant entrer les vérités acquises par la méthode et les observations de l'École. C'était là ma thèse, j'y revenais fréquemment avec M. Le Play; et nous avions fini par nous trouver d'accord, sur cette question, jusque dans les plus petits détails pratiques.

Nous avions raison. Ce qui le prouve aujourd'hui, ce sont les encouragements du Pape Léon XIII, de plusieurs cardinaux et de plusieurs évêques, dont nous aurons l'occasion de reproduire plus loin les témoignages. Mais alors, la théorie était trop souvent regardée comme suspecte; et ceux qui ne connaissaient F. Le Play que par ses écrits se demandaient, avec une sorte d'impatience, quand donc l'apôtre du Décalogue finirait par devenir le chef d'une réforme sociale, chrétienne et catholique.

En attendant, le 11 avril 1880, voici ce que F. Le Play écrivait. — Je reproduis littéralement le précieux autographe :

Vœu exprimé à mon ami
M. l'abbé Riche.

« Je prie M. l'abbé Riche, mon excellent père en Dieu, de signaler les convictions suivantes à ceux de ses confrères qui peuvent travailler efficacement à la réforme de la France.

« La France peut encore être sauvée, si une foule de nos concitoyens savent en quoi consistent leurs devoirs dans les circonstances actuelles.

« Le clergé français peut contribuer beaucoup à l'œuvre du salut temporel, la seule dont j'aie à m'occuper ici. Je résume ainsi sa mission :

« Continuer l'enseignement de l'Église, sans rien innover, en suivant la tradition, et en obéissant aux devoirs tracés par la hiérarchie. Établir ainsi dans les âmes « la

« paix de Dieu » selon la discipline des bonnes époques.

« Organiser un enseignement accessoire sur « la constitution essentielle de l'hu- « manité ». Grouper dans cet enseignement tous les faits qui, étant démontrés par l'histoire du passé et par l'observation du présent, confirment les vérités fondamentales transmises par les autorités de notre Religion. Cet enseignement est surtout destiné à ceux de nos concitoyens qui, vu les fautes du passé et les malheurs du temps présent, ne reconnaissent plus les autorités.

« Je recommande toute la prudence qu'exigent, dans l'accomplissement de cette mission, les passions et les préjugés actuels dans les classes dirigeantes de notre pays.

« Je prie M. l'abbé Riche de m'indiquer ce que je puis faire pour assurer le succès des conseils qui me sont présentement dictés par le dévouement à la patrie, à la religion et à la famille.

« F. Le Play. »

On a reproché à F. Le Play de n'avoir pas assez affirmé personnellement ses croyances catholiques : le reproche est pour le moins immérité; car, au mois de novembre 1879, en face de la mort, avant de recevoir les sacrements, nous avons vu qu'il était prêt à le faire publiquement, si on le lui eût demandé comme une obligation de conscience. Mais on ne voit pas quel pouvait être le motif de cette obligation. D'autres auraient voulu du moins que F. Le Play appuyât sa doctrine sociale sur l'autorité doctrinale de l'Église à laquelle il appartenait. Mais on oublie que son enseignement social s'adressait aux hommes de toutes les religions, et même aux hommes sans religion, et, dès lors, comment le blâmer d'être resté sur un terrain où chacun pouvait le suivre? Si par son enseignement F. Le Play avait ramené beaucoup d'hommes, et des autorités sociales surtout, à la pratique du Décalogue, le service qu'il aurait rendu aux sociétés aurait été immense. Or, il l'a fait dans une bonne mesure; et ce sera là sa gloire devant Dieu comme devant les hommes. Après cela, disait-il, à vous les ministres du culte, à vous les membres du clergé, à vous de poursuivre la tâche et de la compléter, en faisant des chrétiens et des catholiques de ces hommes qui acceptent déjà le Décalogue : c'est la part du prêtre; mais ce n'est pas la mienne.

J'avoue que cette attitude et cette déclaration m'ont toujours paru irréprochables.

Il y a quelques années, celui qui écrit ces lignes avait l'honneur d'exposer les idées qu'elles expriment à Mgr le cardinal Guibert, archevêque de Paris, et Son Éminence, après avoir résumé elle-même les avantages d'une nation qui pratiquerait le Décalogue : « Ah! s'écriait-elle, si seulement notre société, en France, acceptait pratiquement le Décalogue, nous en ferions bientôt une société chrétienne, une société catholique; et nous serions sauvés! » Le vénérable cardinal exprima alors le désir d'aller dire lui-même ses sympathies à l'illustre vieillard : la mort soudaine de F. Le Play ne le lui permit pas.

Après la nouvelle édition du premier volume des *Ouvriers européens*, F. Le Play conçut l'idée de résumer en un seul livre tout ce qu'il avait écrit jusqu'alors sur l'économie sociale. Ce nouveau volume eut pour titre : *La Constitution essentielle de l'humanité*. C'était une œuvre devenue bien laborieuse, car les yeux fatigués et malades du grand écrivain lui avaient rendu la lecture et l'écriture extrêmement difficiles. Il la poursuivit cependant avec l'aide de plusieurs amis.

Une grande préoccupation de l'auteur dans la correction de cet ouvrage, ce fut de ne rien laisser passer d'inexact en ce qui touchait la doctrine de l'Église. Dans cette pensée, il me demanda de revoir toutes les épreuves, èt de ne pas lui ménager les observations. Je lui obéis. Plusieurs fois, en effet, je dus relever certaines expressions qui me paraissaient incorrectes et qui pouvaient donner lieu à quelque interprétation regrettable. Alors, je proposais mes modifications, mais F. Le Play ne voulut jamais les discuter, et toujours ma rédaction fut acceptée sans réticence.

Le 19 février 1881, l'auteur de la *Constitution essentielle de l'humanité* m'envoyait l'hommage de son livre avec ces mots : « J'envoie le livre au collaborateur, et je demande au directeur son concours pour m'aider à rendre grâces à Dieu. »

Le concours que F. Le Play demandait alors au directeur de son âme, c'était de le préparer à une communion d'actions de grâces : il la fit, en effet, quelques jours après.

Au mois de novembre de la même année, F. Le Play m'annonçait, par lettre, un événement qu'il qualifiait considérable : c'était l'adhésion absolue du chef des économistes italiens, M. Luzatti, à qui on avait fait parvenir la *Constitution essentielle de l'humanité*. « En revisant ce livre, ajoutait F. Le Play, vous avez contribué à rendre, pour cet économiste, la religion acceptable dans les détails les plus délicats. »

Vers la même époque, un petit incident s'était produit, que je mentionnerai ici pour montrer à quel point F. Le Play portait la délicatesse en matière de religion.

Un Annamite avait fait, aux membres de l'*Union de la paix sociale*, une conférence fort intéressante sur les institutions, les mœurs et les usages de son pays. Or, dans ce qu'il exposa touchant le culte et ses ministres, il y avait certaines allusions, certains rapprochements qui ne paraissaient pas à l'avantage du catholicisme : de là, une impression un peu blessée dans l'esprit de plusieurs catholiques présents. J'avais entendu des réflexions dans ce sens; et comme je les partageais, j'en fis part à M. Le Play, qui n'était pas à la conférence, mais qui avait là sa part de responsabilité, comme secrétaire général des *Unions*. Le lendemain, je recevais de lui les lignes suivantes :

« Mon cher directeur, je suis inquiet de la part de responsabilité que fait peser sur moi la conférence de l'Annamite. Je voudrais entendre reproduire votre critique, afin que j'y réponde : si vous trouvez que j'ai raison, je me sentirai soulagé; sinon, je ferai pénitence. »

Le 1er mai 1881, pendant qu'il dînait, le

soir, F. Le Play tomba tout à coup de son siège et perdit connaissance : c'était une nouvelle crise. Comme à l'ordinaire, on me fit appeler; mais je ne tardai pas à constater que le péril extrême était conjuré. Seulement, une complication terrible se produisit alors dans la famille de F. Le Play. Son fils, qui était venu passer l'hiver à Paris avec sa femme et ses enfants, venait d'avoir le malheur de perdre une de ses filles d'une diphthérie foudroyante. Aussitôt, pour soustraire les autres enfants à l'influence du mal, on les avait fait partir pour la campagne. Mais il en était une seconde qui était déjà prise; on l'avait transportée chez les grands-parents; la pauvre petite était là mourante; et elle mourut bientôt, lorsque F. Le Play sortait à peine de sa crise!

Ce qui ajoutait à la douleur de cette accablante situation, c'est que la grand'-mère, Mme Le Play, était elle-même au lit, avec les symptômes du mal qui venait d'enlever ses deux petites-filles.

Enfin, Dieu prit pitié de cette famille déjà si cruéllement éprouvée; ceux qui restaient malades finirent par guérir.

Au moment le plus douloureux des tristes complications que je viens de raconter, et dans la perspective des malheurs qui pouvaient encore le frapper, F. Le Play me fit plusieurs recommandations.

D'abord, il me demanda de ne pas lui épargner la vérité sur la gravité de sa situation, quand je le jugerais en danger de mort, et de lui administrer alors les sacrements de l'Église. Il ajouta, ensuite, qu'il ne voulait point, à ses funérailles, les honneurs militaires auxquels il avait droit par son grade de grand officier de la Légion d'honneur. Enfin, il m'exprima le désir d'avoir un convoi très simple, et de donner aux pauvres la différence de ce convoi à celui des hautes classes auxquelles on pourrait penser.

Je lui promis de notifier à sa famille ses dernières volontés. Je ne fis qu'une réserve, relativement à la simplicité de la classe du convoi. « Il ne faut pas, lui dis-je, consulter ici seulement la simplicité et la modestie de vos goûts personnels; il faut aussi tenir compte de la situation de votre famille, de votre position en regard de vos amis et de l'École dont vous êtes le fondateur et le maître.

— C'est vrai, me répondit-il, et je veux bien transiger sur ce point, mais je le répète : soyons simples! »

Ces derniers désirs ont été respectés autant que possible. Il n'y a point eu de discours, et les honneurs militaires n'ont pas été rendus. Quant à la classe du convoi, on a, en effet, transigé pour donner satisfaction à toutes les exigences; et Mme Le Play n'a eu qu'à consulter sa charité pour réaliser très généreusement les volontés de son mari en faveur des pauvres.

Le jour même où F. Le Play se trouvait dans ses plus pénibles préoccupations, il recevait de Rome une lettre qui devait faire un grand honneur à sa conscience chrétienne. Son Éminence le cardinal de Bonnechose, archevêque de Rouen, lui écrivait qu'il avait entretenu le Saint-Père de ses grands et utiles travaux, que Sa Sainteté y prenait le plus vif intérêt, et que, comme témoignage de sa sympathie personnelle, elle avait l'intention de lui conférer la décoration de commandeur de Saint-Grégoire le Grand. M. Le Play m'en fit part :

« Déjà, me dit-il, je suis honoré d'une vingtaine de décorations, et j'ai des tiroirs qui en sont remplis; n'en est-ce pas plus qu'il ne m'en faut pour le moment?

— Oui, lui répondis-je, c'en est peut-être assez des honneurs purement humains; mais quand il s'agit d'une décoration donnée par le Pape, un catholique comme vous l'êtes doit s'en trouver religieusement honoré.

— C'est vrai, me dit-il, ce sentiment doit être, et il est le mien. »

F. Le Play répondit donc au cardinal de Bonnechose qu'il accepterait avec reconnaissance le témoignage honorifique auquel le Saint-Père pensait pour lui; et, quelques jours plus tard, il recevait la décoration pontificale.

II

Pendant plus de cinquante années, la *Réforme sociale* et les *Unions de la paix sociale* ont été la grande préoccupation intellectuelle de F. Le Play. Toutes ses études, toutes ses observations prenaient cette direction; et, pour leur donner un résultat plus efficace, il procédait au moyen d'une méthode qui lui appartenait, et qui suffirait à elle seule pour lui donner un titre à la reconnaissance de la postérité.

Dans ce grand et magnifique travail d'une intelligence supérieure, tous les moyens utiles étaient acceptés, toutes les personnalités soucieuses des intérêts sociaux étaient accueillies avec une sympathique reconnaissance. Un trait particulier du caractère de F. Le Play, c'était la modestie; or, cette vertu le persuadait qu'en interrogeant, en écoutant les autres, même les plus inexpérimentés, il pouvait toujours apprendre quelque chose. Quel est le jeune homme, de ceux qui l'ont vu le plus près, qui n'ait été frappé de cette modestie du maître?

Ajoutons qu'une de ses plus douces joies était de voir l'application de ses principes dans les différentes situations sociales. Un prêtre, initié à ses études, ayant prêché, avec quelque succès, une retraite de dames, en confirmant la doctrine dogmatique par la doctrine sociale, il en éprouva une satisfaction sur laquelle il aimait à revenir. Ce résultat lui inspira même la pensée d'établir un cours de conférences sociales réservé exclusivement aux dames; il jugeait, avec raison, qu'il pouvait en sortir de précieuses conséquences au bénéfice de la société. Déjà le local était trouvé, les conférenciers étaient choisis, et un bon nombre de dames avaient accepté de participer personnellement à cet enseignement.

Combien de fois F. Le Play ne m'a-t-il pas entretenu de ces préoccupations qui remplissaient sa vie! Assis chez lui côte à côte sur un petit canapé, pour n'avoir point à parler haut, nous nous entretenions très doucement d'abord; puis, souvent, l'intérêt de la conversation l'emportait sur la prudence qui obligeait mon interlocuteur à un grand calme, et je devais l'y rappeler avec une affection respectueuse. Ce qui m'y autorisait d'ailleurs, c'était la place dont il daignait m'honorer dans son amitié.

« Mon cher ami, m'écrivait-il le 3 septembre 1881, permettez-moi de vous donner et de vous demander en retour ce titre, qui peut seul exprimer les sentiments que je vous ai voués. »

Une qualité charmante et rare dans un

homme de cet âge, c'était la délicatesse et la vivacité de ses sentiments pour ses amis. Tout ce qui les intéressait lui inspirait à lui-même un sincère intérêt. Mais quand surtout il entrevoyait l'application que l'on pouvait en faire au profit de la Réforme sociale, alors il y avait, dans cet admirable vieillard, une sorte d'exaltation ravissante. Je ne puis me rappeler sans émotion ce qu'il exprima de satisfaction, quand je lui présentai l'hommage de ma *Somme de saint Paul*, et quand il y trouva le chapitre intitulé : *Les vertus sociales.*

« Ce que vous m'avez apporté hier, m'écrivait-il, m'a tenu éveillé une partie de la nuit. Et cependant, je ne suis pas affaibli par cette veille. Vous avez rendu, en fait, à l'École un très grand service. »

C'est F. Le Play lui-même qui demanda à l'un de ses meilleurs amis, à M. de Curzon, les belles pages qui furent consacrées, dans la *Réforme sociale*, à la *Somme de saint Paul.*

Le point de vue social auquel le grand économiste ramenait toutes choses tournait souvent au bénéfice de ses amis. Je connais un prêtre zélé et distingué qui aime à répéter toute sa reconnaissance pour le bien qu'il retirait de ses entretiens avec ce sage et grand chrétien.

J'ai dit la modestie, ou, mieux encore, l'humilité chrétienne de F. Le Play. Mais une autre vertu, qui n'est pas moins rare, et qui n'était pas moins remarquable en lui, c'était son indulgence, sa charité pour le prochain. J'ai eu souvent l'occasion de l'entendre parler de certaines personnes dont il avait assurément beaucoup à se plaindre; et jamais il ne s'exprimait sur leur compte avec la moindre aigreur. « Que voulez-vous, disait-il, ils se trompent; n'en parlons plus. » Une pareille indulgence n'était pas sans mérite de sa part; il sentait si vivement!

Dans les dernières années surtout, lorsqu'il se vit rigoureusement obligé de suspendre son travail plusieurs heures chaque jour, indépendamment de la conversation, il y avait pour F. Le Play deux moyens de passer le temps : l'audition des travaux de ses disciples et le jeu de whist ou de dominos. Il n'était pas ce que l'on appelle un joueur difficile, mais il conservait au jeu les traits de son caractère : l'attention, le sérieux, la rectitude, la précision, j'allais dire, quelque chose du sentiment de la justice.

Un jour que j'avais avec M. Le Play une de ces conversations intimes qui ne s'effacent pas de la mémoire : — « Mon cher ami, me dit-il, j'ai le regret de l'avouer, à travers les occupations et les préoccupations de ma vie, j'ai certainement oublié de ma première instruction religieuse; j'aurais le désir de revenir au catéchisme, non seulement pour y retrouver l'explication chrétienne du Décalogue, mais aussi plusieurs autres vérités de la Religion. Procurez-moi donc, je vous prie, le catéchisme de Paris. » J'avais promis de m'acquitter de la commission, et je l'avais oublié.

« Eh bien, mon catéchisme ? » me dit M. Le Play à la visite suivante. — Je m'excusai de mon oubli, et je ne manquai pas de le réparer bientôt. Alors il fut convenu que, de temps en temps, nous en étudierions ensemble quelque chapitre. C'était surtout le dimanche que se faisait cette instruction : c'était ce que nous appelions notre prône du dimanche. Après trente ans de fonctions dans le ministère sacerdotal, je puis bien le dire, jamais je n'avais rencontré un auditeur plus attentif et plus respectueux de la parole de Dieu. Non, je n'oublierai pas ce catéchisme !

Un autre emploi du temps, pour F. Le Play, dans le repos auquel il était condamné par l'infirmité de sa vue, c'était la prière. Une intelligence comme la sienne devait s'élever facilement vers Dieu, et la prière intime devait en jaillir bien naturellement. A certaines heures cependant, il sentait le besoin de fixer son attention par des prières vocales et par des moyens extérieurs. Alors, il prenait tout simplement un chapelet et priait avec la simplicité d'un enfant. Je vois encore ce long chapelet noir égrené par cette petite main fine qui avait écrit la *Constitution essentielle de l'humanité!*

Un jour, je ne sais plus à quel propos, il m'échappa de dire à mon vénérable ami, sur le ton d'une affectueuse et confiante liberté : « Vous, monsieur Le Play, vous n'avez pas l'âme mystique. » — Sa tête, ordinairement penchée, se releva ; et, portant sur moi un de ces regards profonds qui lui étaient propres :

« Vous croyez? » me dit-il.

Je crois, maintenant, que je m'étais trompé. Les grandes âmes, simples et droites, sont celles qui montent plus facilement vers Dieu ; et plus une âme s'élève, plus elle devient mystique.

Quoi qu'il en soit, c'est F. Le Play qui disait un jour à un de ses amis : « Tant qu'à ma table je ne pourrai pas réciter le *Benedicite* sans qu'aucun de mes hôtes s'en étonne, je ne regarderai pas avoir fait assez pour le retour des bonnes coutumes. »

Avec toutes les ressources qu'il possédait personnellement contre l'ennui, il y avait cependant des heures bien lourdes pour F. Le Play : c'était là une de ses grandes épreuves. En temps ordinaire, il recevait souvent le soir, le lundi surtout, ses disciples et ses amis. Ce jour-là, chacun communiquait ce qu'il avait appris sur les travaux et les progrès des œuvres fondées par le maître : la *Réforme sociale*, les *Unions de la paix sociale*, les Monographies, etc. F. Le Play vivait intellectuellement pendant plusieurs jours de ce qu'il avait entendu sur ces sujets. Mais il y avait une morte-saison pour ces intéressantes réunions, c'était la saison d'été, lorsque chacun était à la campagne. Depuis plusieurs années, il n'y avait plus de villégiature pour F. Le Play. D'abord, il y avait renoncé pour ne pas quitter le champ de ses opérations pendant la publication de ses derniers ouvrages. Plus tard, sa santé ne lui permit plus d'entreprendre un voyage. Bref, il arrivait un temps de l'année où il se trouvait, pendant plusieurs mois, presque seul à Paris. Alors, en vérité, il sentait péniblement le poids du jour et de la saison.

Heureusement et par une compensation généreuse et délicate de la divine Providence, il y avait au foyer de F. Le Play une abnégation, un dévouement, une tendresse qui ne faisaient jamais défaut. Conseillère dans les difficultés, lectrice dans les travaux et la correspondance, partenaire au jeu, toujours là pour recevoir, avec une distinction parfaite, toutes les visites,

Mme Le Play était l'œil, le bras, le cœur de son mari. En la voyant se multiplier avec une si persévérante abnégation, ses enfants pouvaient la glorifier comme la femme forte de l'Écriture, la femme du Décalogue. Elle était plus encore, c'était la femme de l'Évangile.

Dans les premiers jours d'avril 1882, avant la fête de Pâques, M. Le Play, toujours dans l'impossibilité de quitter son appartement, m'avait prié de lui apporter la communion pour l'accomplissement de son devoir pascal : il fut convenu que ce serait pour le mercredi de la semaine sainte. La veille, dans l'après-midi, j'allai lui faire visite. Après quelque temps de conversation religieusement intime, mon vénérable ami me parla d'une affaire qui le préoccupait beaucoup, et dont il regrettait de ne pas m'avoir entretenu plus tôt. On l'avait mis en relation, quelques jours auparavant, avec le curé de la paroisse française de Boston, aux États-Unis, Mgr Bouland, camérier secret du Saint-Père. Ce prélat, très sympathique aux travaux de l'École sociale, avait encouragé la pensée d'offrir au Pape Léon XIII l'hommage des ouvrages publiés par F. Le Play et quelques-uns de ses disciples; et il avait proposé, à l'occasion d'un voyage qu'il allait faire à Rome, de se charger des livres et de la lettre d'envoi qui devait les accompagner. Les collaborateurs de F. Le Play accueillirent cette idée avec empressement. Il fut arrêté que le maître allait rédiger la lettre au Saint-Père; et l'on convint de demander à Son Éminence le cardinal de Bonnechose de vouloir bien écrire lui-même au Pape pour lui annoncer cet envoi. Voici le texte de la lettre de F. Le Play :

« Paris, 3 avril 1882.

« Très Saint Père,

« C'est avec un profond sentiment de piété filiale que je viens déposer aux pieds de Votre Sainteté un tribut de reconnaissance et de respect.

« En daignant, à plusieurs reprises, approuver mes efforts sur l'exposé qui Lui en a été fait par mon illustre ami, Son Éminence le cardinal de Bonnechose, Votre Sainteté nous a encouragés à Lui présenter l'ensemble de nos travaux et à solliciter la lumière de ses avis.

« Nous vous prions, Très Saint Père, de vouloir bien agréer l'hommage de la collection entière des ouvrages de l'École de la paix sociale. Je suis heureux d'avoir l'occasion de vous faire présenter ces livres par Mgr Bouland, camérier secret de Votre Sainteté. Il compte parmi les amis dévoués de nos études, dont il veut bien se faire l'apôtre à Boston, la nouvelle Athènes des États-Unis.

« Nous osons espérer que, malgré leurs imperfections, ces études, sans cesse développées depuis cinquante ans, répondent quelque peu au vœu de Votre Sainteté. Notre école s'efforce, en effet, de retrouver, par la méthode en usage dans toutes les sciences, la démonstration des vérités sociales traditionnelles. Elle emploie toujours « un langage grave et modéré, sans « aigreur dans le reproche, avec indulgence « pour les personnes »; elle tend enfin de tous ses efforts à réaliser la condition la plus nécessaire au bonheur des nations, d'après saint Thomas : *ut multitudo in unitate pacis constituatur.*

« C'est donc avec confiance que nous venons près de l'auguste représentant du Dieu de paix, auprès de celui dont la voix écoutée avec respect dans les deux mondes a tant de fois, et avec une égale autorité, recommandé le culte de la science et la pacification des esprits.

« Daignez agréer, Très Saint Père, l'expression du profond respect avec lequel je suis,

« de Votre Sainteté,
l'humble et obéissant serviteur.

« F. Le Play. »

Le 4 avril, au moment où je me trouvais avec M. Le Play, il attendait la copie de cette lettre pour y apposer sa signature; et il était inquiet de ne l'avoir pas encore reçue. Il attachait à cet envoi une grande importance.

Une préoccupation d'un autre ordre traversa alors passagèrement son esprit :

« Dites-moi, fit-il tout à coup, est-ce sans arrière-pensée que vous partagez mes idées sur la liberté testamentaire?

— Oui, lui répondis-je, sans arrière-pensée pour le fond. Cependant, pour tout dire à cet égard, j'ajouterai que, dans les circonstances actuelles, la persistance à revenir sur cette question me paraît inopportune. Elle ne peut certainement pas aboutir maintenant à notre conclusion; elle a de plus contre elle des esprits éminents qu'il ne faut pas éloigner de nos études; et alors je crois qu'il serait mieux d'ajourner la discussion. »

F. Le Play faisait de la liberté testamentaire une de ses doctrines fondamentales et les plus arrêtées dans son esprit; cependant, après ma réponse et un instant de réflexion : « Eh bien, dit-il, c'est à voir! »

Je le quittai, en rappelant que le lendemain, mercredi saint, je lui apporterais la sainte communion.

A quatre heures du matin, ce jour-là, son domestique vient m'appeler en toute hâte. « Encore une crise! » me dit-il. J'arrive;

le malade est levé, il est sur un fauteuil, il
se plaint de violentes douleurs dans la
région du cœur; mais la tête est complète-
ment libre, et pour adoucir les souffrances,
pour donner courage au patient, je lui
annonce que je vais lui apporter la communion. Il la reçoit comme à l'ordinaire, avec
une foi vive et un profond respect exté-
rieur. A six heures, je le quitte, en lui pro-
mettant de revenir bientôt. Quand je le
retrouve, à dix heures, les douleurs ont
presque cessé au cœur, mais on constate
une congestion au cerveau, la tête est
prise, il y a désordre dans les facultés.
En ce moment, deux pensées principales
paraissent absorber le malade : la pensée
de son fils, qui était à la campagne
pour quelques jours; et la pensée de sa
lettre au Pape dont il n'avait pas encore
reçu la copie, et qu'il voulait signer. Les
bonnes paroles de Mme Le Play et les
miennes parviennent difficilement à le

calmer. Il était encore levé à onze heures, lorsque je le quittai. Vers midi, le malade demande à se mettre au lit; son état devient alors très alarmant : on vient me chercher de nouveau; j'accours : il était mort !

C'était donc le mercredi saint, 5 avril, que F. Le Play remettait son âme entre les mains du Dieu qu'il venait de recevoir.

Ma tâche n'était pas remplie tout entière près de mon auguste ami. Je réclamai l'honneur de partager avec son fils le soin douloureux de l'ensevelir et de le coucher dans sa bière. Après avoir posé sur son cœur l'image du divin Crucifié, je récitai près de lui une dernière prière; je fis, sur son front calme et reposé, le dernier signe de croix, et quelques minutes après, le vendredi saint, à trois heures, en attendant la résurrection de la chair et la vie éternelle, sa tête vénérable était pour toujours voilée à nos regards !

Sous le titre : *Le Play et Littré*, on lut, quelques jours plus tard, l'article suivant :

« Il y a des destinées que séparent les oppositions les plus profondes, et dont le rapprochement s'impose cependant à l'esprit avec force et renferme de saisissantes leçons. N'en est-il pas ainsi de deux existences diversement célèbres qui viennent de s'éteindre à Paris, dans des demeures voisines, à quelques mois à peine d'intervalle? Et cependant, quelle merveilleuse analogie entre les conclusions qui résument ces deux vies! ...Une longue vie leur a permis d'étudier, sous tous ses aspects, la marche des sociétés humaines; et le résultat de ces recherches, de ces études, de ces observations qui ont porté sur tous les points du globe et du temps, sur toutes les manifestations de la pensée, ce résultat a été identique pour tous les deux. *Un acte d'adhésion au christianisme,* la condamnation des théories révolutionnaires; tel est le dernier mot. »

Après les pages qui précèdent, on ne s'expliquerait pas une pareille assimilation. Y a-t-il un rapprochement à faire entre F. Le Play tel que nous l'avons connu, et Littré baptisé par sa pieuse et digne femme à l'heure de sa mort? Comment ne verrait-on dans les années si catholiques de la vie de F. Le Play qu'*un acte d'adhésion au christianisme?* Je sais quelle était son estime personnelle pour le caractère et les vertus naturelles de Littré; mais, à coup sûr, on l'eût pour le moins fort étonné en le confondant avec lui dans une même religion. Notre grand économiste n'était pas « un saint laïque », à la manière dont on l'entend à l'Académie française; il était tout simplement un vrai chrétien de l'Église romaine. « Pour moi, me disait-il un jour, plus de deux ans avant de mourir, je serais prêt à signer le *Syllabus,* car, enfin, on est catholique ou on ne l'est pas. Je le suis. »

Tout en respectant les suprêmes recommandations de F. Le Play, sa famille ne jugea pas qu'on dût faire ses obsèques pendant les solennités de la semaine sainte et de la fête pascale. D'ailleurs, le cher défunt avait exprimé le désir que son corps reposât au Vigen, dans la Haute-Vienne, auprès de son domaine de Ligoure, dans un caveau de famille. Il fut donc arrêté qu'on attendrait le lundi de Pâques pour faire les funérailles à Paris, et que le corps serait aussitôt transporté à la campagne. En attendant, il fut déposé dans les caveaux de l'église Saint-Sulpice.

Dans l'intervalle, une lettre arriva à l'adresse de F. Le Play : c'était une réponse de Son Éminence le cardinal Lavigerie aux félicitations que le célèbre économiste lui avait envoyées à l'occasion de sa promotion au cardinalat. Voici cette lettre :

« Tunis, le 4 avril 1882.

« MONSIEUR,

« Je suis vraiment touché et reconnaissant de vos cordiales paroles. Elles me sont d'autant plus agréables que vous êtes l'un des hommes que je respecte et que j'admire le plus, et dont je bénis le plus les travaux. Je vous respecte et vous admire pour la sincérité et le courage de votre foi, et je vous bénis parce que vous ouvrez, avec vos disciples, la voie féconde où l'apologie chrétienne doit entrer, sous peine de manquer au grand devoir que lui impose l'état actuel des esprits.

« Les impies de ce temps sont positivistes, ou du moins ils se disent tels; car ils ne sont le plus souvent que superficiels et emportés. Nous, nous devons être vraiment positivistes, à votre exemple, en constatant rigoureusement les faits qui sont à notre portée, en fixant leurs lois, et en ramenant ainsi la raison humaine dans les sentiers de la vérité, et, par suite, de la foi.

« Je fais donc pour votre succès tous les vœux possibles, parce que votre succès sera en même temps le triomphe de la religion et de la science.

« C'est avec une vraie joie que je vous verrai à Paris, à l'époque de mon prochain voyage; et, en attendant, j'aime à me dire votre très respectueux et très dévoué serviteur et admirateur,

« Ch., Archevêque d'Alger,
cardinal Lavigerie. »

Le lundi de Pâques, 10 avril, les funérailles de F. Le Play eurent lieu à l'église Saint-Sulpice, sa paroisse. J'eus la consolation de célébrer la sainte messe, et de faire, jusqu'à la gare d'Orléans, la conduite du corps. Les cordons du poêle étaient tenus par MM. Daubrée, directeur de l'École des mines; de Chancourtois, inspecteur général des mines, collaborateur de F. Le Play aux différentes Expositions; Victor Duruy, ancien collègue de F. Le Play au Sénat; Émile Cheysson, ingénieur en chef des ponts et chaussées, directeur au ministère des travaux publics, représentant l'École de la Paix sociale; Alfred Mame, l'éditeur dévoué des œuvres du maître, dont il représentait, en quelque sorte, la carrière intellectuelle; enfin, le comte de Saint-Léger, le plus ancien et le constant compagnon de voyages et d'études de F. Le Play.

« Le caractère de ces funérailles, écrivait M. le baron d'Artigues, on en faisait la remarque tout haut, c'était un esprit général de rapprochement et de concorde. Autour de ce cercueil, se rencontraient, dans un même sentiment de respect, les représentants les plus éminents de tous les partis politiques. C'était visiblement l'union de la Paix sociale, qui semblait se faire au moins pour un instant. Si un jour, comme nous l'espérons, cette union devient une réalité durable, on se souviendra de celui qui l'a préparée par son exemple et par ses travaux.

« Ce fut pour donner un dernier exemple que le maître avait voulu être inhumé auprès de son domaine de Ligoure et au milieu de ces populations rurales dont il avait décrit, avec tant de précision, les importantes fonctions sociales.

« En arrivant au Vigen, le corps, accompagné par M. Albert Le Play, fut immédiatement transporté à l'église. Une très nombreuse assistance, composée de tous les habitants de la commune et des propriétaires notables des communes voisines, remplissait la nef. La messe fut dite par M. l'abbé Marévéry, vicaire général, délégué par Mgr Lamazou, qu'une absence empêchait de présider la cérémonie. Après l'absoute, il monta en chaire pour donner lecture de la lettre suivante :

A Monsieur Marévéry, vicaire général.

« Limoges, le 9 avril 1882.

« MONSIEUR LE VICAIRE GÉNÉRAL,

« J'apprends que le corps de M. Le Play sera déposé mardi prochain dans son tombeau de famille, après un service funèbre célébré à l'église du Vigen, près Limoges. Si une affaire urgente ne m'appelait demain à Paris, je me serais fait un devoir de présider cette cérémonie religieuse, afin d'honorer de mon mieux un Français si grand par l'intelligence et le cœur. Je vous prie de m'y représenter.

« J'ai déjà exprimé à la famille de M. Le

Play mes sentiments d'admiration et de reconnaissance pour l'incomparable économiste, si haut placé dans l'estime de Dieu et des hommes, dont les étonnants travaux ont éclairé, d'une manière si vive, la plus compliquée et la plus grave des questions modernes, la question sociale. Mais cela ne pouvait me suffire; je désire que le diocèse de Limoges, dont M. Le Play est une des gloires les plus pures, sache quel souvenir il doit garder de ses travaux, de ses services, et en un mot, de sa longue vie consacrée à l'amélioration morale et matérielle de l'humanité.

« M. Le Play a eu, au plus haut degré, la passion de la vérité et du dévouement, et il a mis au service de ces deux nobles causes une intelligence merveilleuse et des travaux de géant. On a pu discuter la valeur de quelques-unes de ses idées; personne n'a songé à contester le mérite transcendant de l'homme. Il y a déjà plus de quinze ans, le comte de Montalembert disait d'un de ses livres : « C'est le livre le « plus fort de notre siècle. »

« La France et l'Église lui doivent une grande reconnaissance : la France, parce qu'il l'a honorée aux yeux de l'Europe par une science économique d'une admirable profondeur, parce qu'il lui a prodigué les plus patriotiques avertissements et les plus sages conseils sur les dangers intérieurs qui la menacent ; l'Église, parce que M. Le Play s'est dévoué avec un rare désintéressement à l'étude des questions vitales qui l'ont toujours préoccupé : la bienfaisance, le culte du travail, une saine direction des classes populaires, l'harmonie de la paix sociale ; parce que ses savantes recherches l'ont conduit à cette conclusion : « Pas de solu- « tion pour la question sociale en dehors « du Décalogue et de la Religion : pour les « sociétés comme pour les individus, il n'y « a de salut que dans le respect des com-

« mandements de Dieu et des lois de l'Évan-
« gile. »

« Dans les temps actuels, un Père de
l'Église n'aurait pas pu rendre un plus
éminent service à la cause religieuse.

« Constatons avec bonheur que, malgré
la division des partis, toutes les opinions
honorables rendent un témoignage éclatant
au caractère et à l'œuvre de M. Le Play.
Il ne faut donc pas désespérer d'un pays et
d'un siècle qui ont produit un tel homme
et qui savent si loyalement glorifier une vie
de travail et d'honneur.

« Pierre Henri, *évêque de Limoges.* »

Après l'absoute, le corps fut porté au
cimetière par les colons de Ligoure.

Au moment de la mort de F. Le Play, sa
lettre à Léon XIII n'était pas encore partie
pour Rome. Un de ses collaborateurs y
ajouta la note suivante :

« Le maître a succombé tout à coup,

après avoir fait ses pâques. Sa préoccupation était la signature qu'il voulait apposer à cette adresse au Saint-Père, qui demeure le dernier acte de cette belle vie ! »

La réunion annuelle des membres de l'*Économie sociale* et des *Unions* devant avoir lieu quinze jours plus tard, on espérait recevoir la réponse du Saint-Père de manière à pouvoir la communiquer à l'assemblée dans sa dernière séance. En effet, le 23 avril, Mgr Bouland arrivait à Paris, porteur de cette réponse.

Après la mort de F. Le Play, naturellement, le Pape adressait sa lettre au cardinal de Bonnechose, qui avait écrit à Sa Sainteté pour la prier d'agréer l'envoi du maître de l'École sociale. Le lendemain de l'arrivée de Mgr Bouland, un membre de la conférence Léon Foucault, M. Gaston de Carné, fut désigné pour porter à Rouen la lettre pontificale, et pour solliciter de Son Éminence l'autorisation de la communi-

quer à la clôture du congrès. La lettre étant
en latin, le cardinal la fit traduire, et M. de
Carné revint à temps pour que Mgr Bouland
pût en donner lecture au banquet de clôture. Voici cette lettre :

*A notre vénérable Frère Henri-Marie de
Bonnechose, cardinal-prêtre de la sainte
Église romaine, Archevêque de Rouen.*

« A Notre vénérable Frère, salut et bénédiction apostolique.

« Vénérable Frère, Nous avons reçu la
lettre par laquelle vous Nous annonciez que
l'illustre M. Frédéric Le Play était dans
l'intention de Nous envoyer des exemplaires
de tous les ouvrages qu'il a écrits ou édités
jusqu'à ce jour. Nous avons reçu cet envoi
peu de temps après, par Notre cher fils Léon
Bouland, Notre camérier secret, qui, en
même temps, Nous a remis une lettre du

même auteur, écrite en son nom et au nom de ses disciples, et remplie des assurances de soumission envers Nous et la sainte Église apostolique. Nous eussions vraiment désiré lui exprimer personnellement à lui-même les sentiments de Notre reconnaissance; mais comme la triste nouvelle de sa mort Nous est parvenue dans l'intervalle, il Nous plaît, vénérable Frère, de vous témoigner combien Nous avons eu pour agréable et combien Nous avons apprécié le suprême hommage par lequel cet homme illustre manifestait sa soumission envers l'Église et sa disposition affectueuse envers Nous. Aussi désirons-Nous que vous communiquiez ces sentiments de Notre âme à ces hommes savants, qui, marchant sur les traces de leur maître, ne se proposent pas seulement de ne jamais s'écarter, dans leurs écrits, de la doctrine catholique, mais encore qui s'efforcent de procurer par elle le salut de la société civile.

« Ce serait assurément un très grand bienfait de la bonté divine si, les fausses conceptions de tant d'opinions erronées venant à disparaître, tous comprenaient, par l'observation et l'expérience, ce que l'illustre M. Le Play a compris : à savoir, qu'il fallait chercher dans la vertu de l'Église du Christ, dans ses doctrines et ses préceptes le remède efficace et souverain aux plaies de la société civile, qui souffre cruellement et qui touche aux extrêmes limites d'une très périlleuse situation. Tout en appelant ce résultat de Nos espérances et de Nos vœux, en gage de Notre bienveillance particulière, Nous vous accordons très affectueusement en Notre-Seigneur la bénédiction apostolique, à vous, vénérable Frère, à tout votre clergé et à votre peuple.

« Donné à Rome, auprès de Saint-Pierre, le 20ᵉ jour d'avril 1882, de Notre Pontificat l'an cinquième.

« LÉON XIII, PAPE. »

III

Ce qui précède suffirait pour donner une idée du sentiment de F. Le Play relativement au rôle du clergé dans la Réforme sociale. Nous l'avons dit, il désirait vivement sa participation aux travaux de l'École; et quand un prêtre lui était présenté comme un auxiliaire de bonne volonté, à quelque degré qu'il appartînt de la hiérarchie, on était sûr qu'il serait reçu avec une sympathique reconnaissance. Au mois de juin 1880, il écrivait à l'un d'eux : « Les nouvelles qui me viennent de la France et de l'étranger me démontrent que le temps n'est pas éloigné où vous pourrez participer utilement à nos travaux... Même parmi mes amis, votre action peut être immédia-tement utile. » Dans ces dispositions, on comprend le prix que F. Le Play attachait aux encouragements qui lui venaient des plus hautes autorités ecclésiastiques. Il en parlait avec une sorte d'exaltation. Je pense au bonheur qu'il aurait éprouvé en rece-vant la lettre du cardinal Lavigerie! Si une partie notable du clergé français s'est mon-trée sympathique à ses travaux, on doit reconnaître que le grand économiste y a répondu avec pleine gratitude.

En fait de vérité dogmatique et de loi morale, F. Le Play ne s'appuyait guère, dans ses écrits, que sur le principe du vice originel bien constaté, et sur les préceptes du Décalogue. « Le Décalogue éternel », c'était assurément beaucoup déjà! L'obser-vation du Décalogue, c'est ce que Jésus-Christ lui-même demandait d'abord à un jeune homme qui voulait arriver à la vie éternelle. Le vice originel, c'est ce que nous appelons le péché d'origine ; et la reconnaissance de cet état implique l'économie du Christianisme presque tout entière. Le développement chrétien de ce principe et de cette loi est la tâche sociale du clergé dans la réforme, et cette tâche est immense.

Une condition préalable et que F. Le Play jugeait nécessaire pour le succès du clergé dans l'œuvre sociale, c'était la science du monde. Il y revenait très souvent. La première fois qu'il m'en parla, je ne pus m'empêcher de répondre par un sourire légèrement incrédule. La science du monde ! me disais-je en pensant aux anathèmes de Jésus contre lui, la science du monde ! on en sait toujours trop. Mais F. Le Play m'expliqua sa pensée par les instructions de saint François Xavier aux missionnaires qui évangélisaient les Indiens sous sa direction :

« En quelque lieu que vous soyez, leur disait le saint, n'y fussiez-vous qu'en passant, tâchez de savoir, par les habitants les plus honorables, les inclinations du peuple, les coutumes du pays, la forme du gouvernement, les opinions et tout ce qui touche à la vie civile... Cette connaissance acquise, vous connaîtrez plus facilement les esprits, vous aurez plus d'autorité sur eux, vous saurez sur quels points vous devez plus particulièrement appuyer dans la prédication... On méprise trop souvent les avis des religieux, sous prétexte qu'ils ignorent le monde. Mais lorsqu'on en rencontre un qui sait vivre et qui a l'expérience des choses humaines, on l'admire comme un homme extraordinaire. — Vous devez donc maintenant travailler à l'acquérir, avec autant de zèle que vous en aviez autrefois pour apprendre la doctrine des philosophès et des théologiens. Seulement ce n'est pas dans les manuscrits, ce n'est pas dans les livres que l'on acquiert cette science, c'est dans les livres vivants, c'est dans les relations avec les personnes sûres et intelligentes. Avec cette science, vous ferez plus de bien qu'avec tous les raisonnements des docteurs et toutes les subtilités de l'École. » (*Instructions de saint François Xavier au Père Gaspard Bazzée, partant pour les missions d'Ormuz, datées de Goa, en 1549.*)

Longtemps avant l'Apôtre des Indes, voici comment saint Jean Chrysostome s'exprimait sur le même sujet :

« L'âme du prêtre doit être comme une lumière resplendissante, éclairant le monde entier... Le prêtre est le sel du monde... Il ne faut pas seulement qu'il soit pur pour s'acquitter, à l'autel, du sublime ministère auquel il a été appelé : il faut encore qu'il sache beaucoup de choses. Il faut qu'il connaisse en grande partie ce qui se passe dans le monde, il faut qu'il en soit instruit aussi bien que ceux qui vivent au milieu des affaires, et, avec cela, il faut qu'il demeure détaché du siècle encore plus que les moines retirés dans la solitude des montagnes. Le prêtre doit entrer en relation avec toutes sortes d'hommes, avec ceux qui vivent dans l'état du mariage et qui ont des enfants, avec ceux qui emploient des ouvriers et qui possèdent les dons de la fortune, avec ceux qui régissent les affaires publiques ou qui exercent la magistrature ; or, s'il en est ainsi, il faut que le prêtre soit, en quelque sorte, multiforme, oui, multiforme ; mais, prenez garde ! je n'ai pas dit rusé, flatteur, hypocrite. Tout le ministère du prêtre doit aboutir à la gloire de Dieu et au bien de la société ; et tout ce qui doit y contribuer doit lui être connu. » (*Traité du sacerdoce*, liv. VI, § 4.)

A cette connaissance du monde, jugée si nécessaire, on a trouvé une difficulté dans le recrutement actuel du clergé. Ses membres sortant le plus souvent de la classe du peuple, on s'est demandé comment ils pourraient arriver à connaître le monde. La difficulté existe, il n'y a pas à se la dissimuler; mais il ne faudrait pas l'exagérer non plus. A côté de ce qu'il y a de vrai dans l'observation, il faut reconnaître que le prêtre, ignorant de certaines choses du monde, possède des moyens multiples et variés de se former par l'expérience et avec le temps. De plus, il est certain que le clergé des campagnes n'a pas absolument besoin d'être initié à toutes les pratiques du monde pour accomplir son devoir au bénéfice de la société. Enfin, il ne faut pas oublier que c'est par douze hommes du peuple que le monde est devenu chrétien; et, s'il était vrai, comme on l'a écrit, que Jésus-Christ n'entendait rien aux choses sociales, il serait pour le moins très surprenant qu'il eût été le fondateur et qu'il demeurât le conservateur des plus grands édifices sociaux que le monde ait jamais vus.

Une autre chose qui veut être bien comprise, surtout par le clergé qui donne son concours au travail de la Réforme sociale, c'est ce qu'on appelle le bonheur des peuples, la prospérité des nations. On a beau dire, le vrai bonheur n'est pas de ce monde. « Mon peuple, disait aux Juifs le prophète Isaïe, ceux-là te trompent qui te disent bienheureux. » (ISAIE, III, 12.) Pour personne, en général, le bonheur n'est sur la terre : et Jésus-Christ a pris soin de prévenir ses disciples que non seulement il n'y aurait pas d'exception en leur faveur, mais qu'ils seraient entre tous les plus éprouvés par la tribulation. Que faut-il donc entendre par la prospérité qui serait le partage des peuples fidèles au Décalogue et à l'Évangile?

Cette prospérité, c'est le développement libre d'une société vivant de ses traditions, de ses coutumes, de son autonomie, et dans laquelle chaque membre peut accomplir ses devoirs, sous la garantie de ses droits.

Dans cet état de choses, il est inévitable

qu'il y ait des épreuves, des souffrances, des sacrifices enfin. Le pain quotidien peut même, accidentellement, manquer, ou du moins n'être distribué qu'avec parcimonie, il y aura toujours des pauvres dans le monde; mais alors, à côté de la bienfaisance publique, il y aura toujours l'action, la charité du prêtre, et c'est ainsi que le clergé s'emploiera au bénéfice de la société.

Un des plus difficiles problèmes pour les économistes qui travaillent au bien de l'humanité, c'est la paix sociale. C'était dans cette grande préoccupation que F. Le Play avait établi ses *Unions,* maintenant répandues par toute la France, et qui ne peuvent manquer de porter des fruits abondants et précieux. Mais ici encore, le grand économiste sentait toute l'importance de la coopération du clergé. La paix, en effet, c'est, avant tout, l'œuvre de Dieu, dont le prêtre est le ministre; les hommes souhaitent la paix : Dieu la donne. « *Paix sur la terre aux hommes de bonne volonté!* PAX VOBIS. »

Ministre du Dieu de paix, ce n'est pas par la politique, ni sur les masses, que le prêtre continue l'œuvre pacifique de son divin Maître; c'est sur l'individu et dans la famille : sur l'individu, qu'il met en paix avec sa conscience et avec Dieu; dans la famille, dont il unit les membres par les liens de la charité. Et cette action produit, sur l'ensemble de l'humanité, un résultat général dont les peuples chrétiens reçoivent le bénéfice.

C'est un homme de bon sens qui le disait : « Un curé de paroisse vaut mieux, pour le bon ordre, qu'une compagnie de grenadiers. »

TABLE

II

III

PARIS. — TYP. DE E. PLON, NOURRIT ET Cⁱᵉ, RUE GARANCIÈRE, 8.

9 782016 144305